Emil Waldmann
Das Rathaus zu Bremen

SEVERUS Verlag

ISBN: 978-3-95801-401-5
Druck: SEVERUS Verlag, 2016
Herausgeber: Björn Bedey

Der SEVERUS Verlag ist ein Imprint der Diplomica Verlag GmbH.
Bibliografische Information der Deutschen Nationalbibliothek:
Die Deutsche Nationalbibliothek verzeichnet diese Publikation in der
Deutschen Nationalbibliografie; detaillierte bibliografische Daten
sind im Internet über http://dnb.d-nb.de abrufbar.

© SEVERUS Verlag, 2016
http://www.severus-verlag.de
Printed in Germany
Alle Rechte vorbehalten.
Der SEVERUS Verlag übernimmt keine juristische Verantwortung
oder irgendeine Haftung für evtl. fehlerhafte Angaben und deren
Folgen.

Emil Waldmann

Das Rathaus zu Bremen

Emil Waldmann

Das Rathaus zu Bremen

Mit 54 Abbildungen

Die Ziffern am Textrand bezeichnen die Seiten
der Abbildungen

Dem Senat

der

Freien Reichs- und Hansestadt

Bremen

gewidmet

Einleitung.

Baukunst des Renaissancestiles ist in Deutschland kein Eigengewächs. Was die Italiener im hohen Mittelalter der ihnen innerlich immer fremdgebliebenen und immer verhaßter gewordenen gotischen, von ihnen als barbarisch gescholtenen Bauweise entgegensetzten, die lateinische, an antiken Vorbildern erzogene Klarheit der Formensprache, — dieser langsam zu einer neuen Klassik sich läuternde Klassizismus, diese Renaissance bedeutet für die Länder nördlich der Alpen mehr oder minder ein Fremdwort, im lateinischen Frankreich nicht weniger als im germanischen Deutschland. Es gibt im Deutschland des 16. Jahrhunderts keinen im Geiste von Vignola oder Palladio, von Bramante oder Raffael, das heißt: nach ihren raumschöpferischen Gedanken, aufgeführten Bau, der unter dem ihm angemessenen Himmel und in der für ihn heimatlichen Luft stünde. Das Unglück des Heidelberger Schloßbrandes war für das feinste Stück jener Architektur, für den Ott-Heinrichs-Bau, ein ästhetisches Glück, weil ihm die deutschen Giebel über der italienischen Stirnseite zum Opfer fielen. Und der reinste, auf deutschem Boden stehende Bau der klassischen Hochrenaissance im 16. Jahrhundert, die Rathausvorhalle in Köln, von dem aus Kalkar stammenden Meister Vernukken, wirkt wie eine blutlose schöne Mathematik.

Aber Geschöpfe einer derart hartnäckigen Reinkultur sind selten in Deutschland. Fast immer haben die Baumeister des in der Architektur bis zum Ausbruch des 30jährigen Krieges sehr fruchtbaren Hochrenaissance-Jahrhunderts die fremden Formen vorsichtig nach dem heimischen Empfinden und nach den landesüblichen Bedürfnissen umgemodelt. Während dieses Zeitraums des Zwischenspiels zwischen der Gotik, die nordisch ist, und dem Barock, der, so international er auch sein mag, diesseits der Alpen doch das Gotische weiterentwickelt, treten im Norden die klassischen Formen und die klassischen Motive wesentlich als Elemente des Schmucks und der schönen bereichernden Zutat auf. Auch vor dem reichsten Renaissancegiebel, am Danziger Zeughaus so gut wie an norddeutschen Kornhäusern, sieht man noch das Gerüst des gotischen Treppengiebels, der ursprünglich gemeint war, und die Aufteilung der Fassaden fügt sich nur zögernd dem südlichen Rhythmus; sie fühlt sich nicht wohl in der Breite. Gotische Rathäuser waren meist breitgelagerte Klötze. Wenn Baumeister des 16. Jahrhunderts sie im Renaissancesinne zurichteten und veränderten, haben erst sie ihnen die Entwicklung in die Höhe gegeben. Deutlicher kann eine Zeit, die lateinisch reden möchte und sollte, nicht sagen, wes Geistes Kind sie in Wirklichkeit ist.

Da die südliche Klassik von den Baumeistern des Nordens wesentlich als Dekoration verwertet wurde, überrascht es nicht, daß die bedeutendsten und schönsten Leistungen des neuen Stiles dort entstanden, wo es sich nicht, wie bei der Kölner Rathausvorhalle, um Neubauen handelt, sondern um ein Umbauen. Die glücklichsten und innerlich echtesten Schöpfungen werden der Auseinandersetzung zwischen gotischen Baugedanken und südlicher Dekoration verdankt, der glücklichen Vermählung zwischen von Haus aus blutsfremden Partnern. Eines der großartigsten Denkmale genialer Stilverschmelzung, das Rathaus zu Bremen, ist das Kind solch gelungener Vermählung.   Ein gotischer Bau ward von einem Meister der Spätrenaissance umgearbeitet. Daß hierbei nicht, wie bei Palladios Umbau des Rathauses zu Vicenza, das Alte ganz versteckt wurde, sondern offen zutage blieb, daß das Neue als eine beinahe logische Bereicherung in ihm und an ihm wirkt, ist nordische Eigenart, wenn auch über ihr in jedem Augenblick die Leistung eines genialen Erfinders spürbar bleibt.

Der gotische Bau.

Das Äußere.

Das Rathaus zu Bremen ist in den Jahren zwischen 1405 und 1410 errichtet worden, an der Nordseite des Marktes, in unmittelbarer Nähe des Domes und des erzbischöflichen Palastes. Es ist das erste eigene Haus, das der bremische Rat besaß. Vorher, seit dem Jahre 1229, hatte er zur Miete gesessen, in dem Gebäude der Börse und Kaufhalle der Tuchmachergilde. Wenn im 13. und 14. Jahrhundert die bremische Bürgerschaft, was eigentlich ein Dauerzustand war, mit dem erzbischöflichen Vogt, als dem Vertreter des eigentlichen Stadtherren, in Fehde lag, konnte der Rat seine Politik nicht unter einem eigenen Dache besprechen, sondern nur als Gast der mächtigsten Handwerkerzunft. Gegen Ende des 14. Jahrhunderts war der Kampf um die Vorherrschaft in der alten Stadt einigermaßen zur Ruhe gekommen, die Herrschaft des Erzbischofs war gebrochen, das Bürgertum hatte gesiegt und sich selbständig gemacht. Eine neue bürgerliche Macht bildete sich, eine bürgerliche Kultur entstand, mit dem Anwachsen äußerer Wohlhabenheit und innerer Selbständigkeit und mit dem Anspruch auf Selbstverwaltung in allen jenen Dingen von Gericht und Zoll, Verwaltung und von Geldwesen, die früher in den Händen des Bischofs gelegen hatten. Wirkliche Macht aber gewann das Bürgertum erst, als es auch in sich selber einig geworden war und den alten Parteienhader, den Kampf zwischen aristokratischen Geschlechtern und den demokratischen Zünften beigelegt und zu verständigem Ausgleich gebracht hatte. Dies war um die Wende vom 14. zum 15. Jahrhundert geschehen, und so war es nicht platonischer Anspruch, wenn im Jahre 1404 der Rat einen Erlaß mit den feierlichen Worten einleitet: „Wir haben eine freie Stadt". Bremen war jetzt innerlich und äußerlich unabhängig geworden. Die städtischen Freiheiten, die, wie man später be-

hauptete, Karl der Große der kleinen Stadt an der Weser verliehen und die Kaiser Friedrich Barbarossa ihr urkundlich bestätigt hatte, standen nun nicht mehr nur auf dem Pergament, sondern waren politische Wirklichkeit geworden.
In diesem Jahre 1404 beschloß der Rat, sichtbare Zeichen der neuen Macht aufzurichten. Das Rolandbild, das Symbol der städtischen Freiheit, im Jahre 1366 von bischöflichen Soldaten verbrannt, wurde nun neu errichtet, jetzt nicht mehr aus Holz, sondern aus Stein, groß und monumental. Und vor allem: Der Rat baute sich ein eigenes Haus. Die Grundsteinlegung des Rathauses wurde in diesem selben Jahre beschlossen und am 6. Mai 1405 vollzogen. Wie groß das Gebäude sein sollte, stellte man praktisch fest: An einem Tage des Jahres 1404 begaben sich die Ratsherren auf die Bürgerweide hinaus und ließen sämtliche im Rate stimmberechtigten Bürger zusammentreten und sich in einem Rechteck formieren. Dann steckte der Stadtmaurermeister Salomon mit Hilfe von vier Stangen und einer Schnur das Rechteck ab für den Umfang der Halle, in der Ratsherren und Bürgervertreter zusammensitzen sollten. Als Baugrund wählte man das Areal an der Nordseite des Marktplatzes, wo das Zunfthaus der Lohgerber und das seit einem Jahrhundert leerstehende Wohnhaus des ehemaligen Bürgermeisters Gottschalk Frese standen. So dicht wie möglich wollte man heran an den Besitz des Erzbischofs. Hier war sein Palast und war seine Hauskapelle. Das Lohgerberamt und das alte Bürgermeisterhaus und was etwa sonst noch auf diesem Gelände stand, ward abgebrochen, und im Jahre 1407 war der Rohbau im großen und ganzen fertig. Um 1410 scheint dann alles vollendet gewesen zu sein.
Wie dieses alte Rathaus aussah, können wir uns vor dem Neubau und mit Hilfe einiger alter Abbildungen ziemlich klar vorstellen.
Ein zweigeschossiger rechteckiger Saalbau, ungefähr vierzig Meter lang und dreizehn Meter breit. Aus Backstein errichtet, die Mauern schichtweise abwechselnd aus dunkelbraun

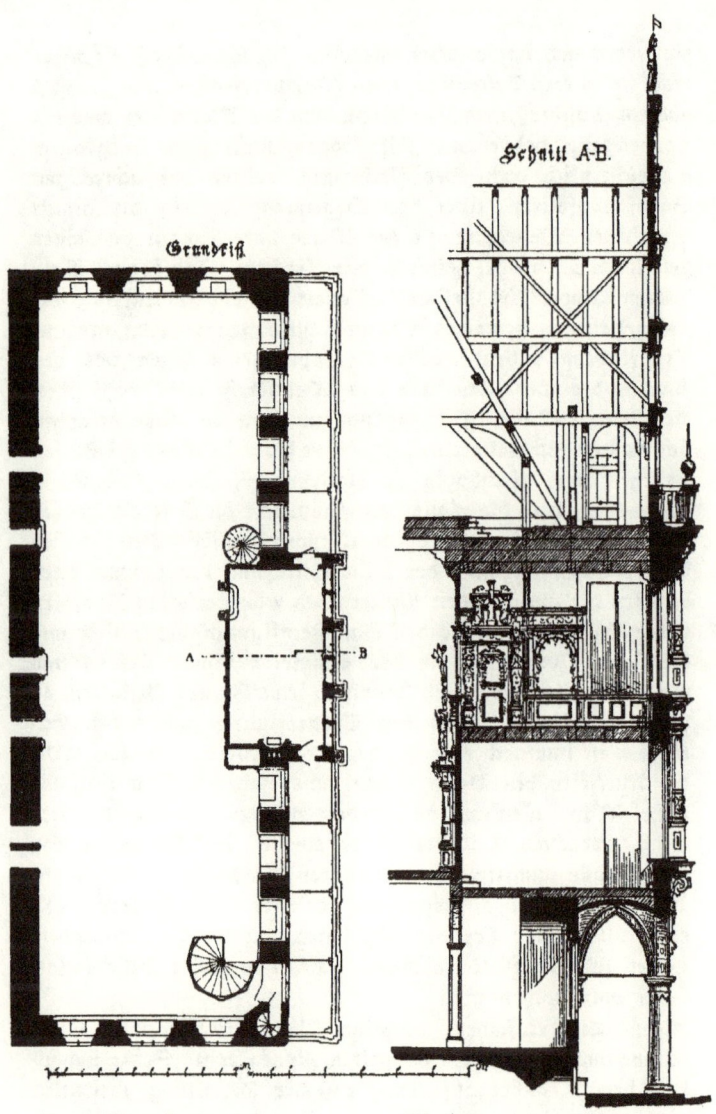

Grundriß des Rathauses.   Schnitt durch den Mittelbau.

glasierten und unglasierten Ziegeln. Im Erdgeschoß elf niedrige, im oberen Geschoß elf hohe Maßwerkfenster, mit flachem oberem Abschluß, aus Sandstein. An der Marktseite war ein Laubengang vorgebaut. Elf Bogen, nicht sicher spitzbogig, wahrscheinlich doch eher flachbogig, ruhten auf achteckigen
58 Sandsteinpfeilern. Über dem Bogengang lief ein mit Zinnen versehener Wehrgang, in der Mitte unterbrochen von einer geschlossenen, wahrscheinlich mit flachem Spitzbogen überdeckten Laube. Am Gesims lief abermals ein Zinnenkranz mit steingehauenen bemalten Wappenschildern darunter, vier auf Tragfiguren ruhende eckige Treppentürme lagen vor den Kanten des Gebäudes, und das Walmdach hatte wohl schon metallene Deckung. Die Zugänge zur unteren Halle befanden sich an den Schmalseiten, spitzbogige Portale über drei Stufen zwischen zwei flachbogig geschlossenen Fenstern. Im Oberstock bekam hier die Halle das Hauptlicht durch je ein großes und zwei kleinere spitzbogige Maßwerkfenster. Den feinsten künstlerischen Schmuck der Marktseite und der Schmalseiten bildeten die zwischen den Fenstern des Oberstocks auf Konsolen
62-66 unter Baldachinen stehenden Sandsteinfiguren, der Kaiser und
67-69 die sieben Kurfürsten an der Langseite, Sankt Petrus und weise Propheten und Philosophen, jeweils vier Gestalten, an den Schmalseiten. Von den Trägerfiguren unter den Ecktürmen ist nur noch eine, an der Nordwestecke, erhalten. Wie die Rückseite des Baus einmal ausgesehen hat, wissen wir nicht. Wir wissen nur, daß an dem von anderen Baulichkeiten nicht verdeckten Teil dieser Nordwand eine Freitreppe von der Straße unmittelbar zum oberen Stockwerk hinaufführte. Auf dieser Treppe stiegen die Bürger in die obere Halle empor. Sonstige Treppen, abgesehen von den Wendeltreppen, in den sehr engen Ecktürmchen, gab es in dieser Zeit im Rathaus wohl noch nicht.

Also: Ein einfacher wuchtiger Bau, klotzig und etwas festungsmäßig mit dem doppelten Zinnenkranz. Seine Schönheit beruht, außer auf dem Ernst der Gestaltung, wesentlich auf der Feinheit der Proportionen, bei deren Festsetzung, innerhalb der unter dem Freilicht gefundenen Maße, das Verhältnis des goldenen Schnittes mehrfach eine Rolle gespielt hat. Daneben aber beruhte sie, einst wohl noch fühlbarer als heute, auf der Farbigkeit. Der koloristische Gegensatz zwischen den glasierten und unglasierten Ziegeln war damals größer als heute, gesteigert noch durch die scharfen Linien der weißen Mörtelfugen und durch den abermaligen Kontrast zu der Farbe des hellen Oberkirchner Sandsteins an Portalen und Fenstern, am Gesims, am Zinnenkranz und den Bogenpfeilern. Erhöht wurde die Farbenwirkung durch die Bemalung der Wappenschilder auf ihrem weißgeputzten Grund. Und auch die Sandsteinfiguren zwischen und neben den Fenstern des oberen Stockwerkes waren bemalt und sicher auch in Einzelheiten vergoldet.

Über die Namen der leitenden und ausführenden Baumeister, die jenem Stadtbaumeister Salomon zur Seite standen, sind wir im einzelnen nicht unterrichtet. Es waren schlichte Handwerksleute, Handwerker, die ihr Bestes taten und deren Erfahrung und Können nicht über das gewöhnliche Maß hinausgingen. Gelegentlich erscheint die Bildung der architektonischen Profile etwas befangen und kraftlos, auch ist hie und da wohl einmal das Ornament im Maßstab etwas verfehlt und in der Ausbildung flau, etwa bei den zwei breiten Hohlkehlen und den drei Birnstäben in den Laibungen der Portale, in denen auch das Laubwerkornament zu groß geplant und zu unbestimmt geschnitten ist. Allerfeinstes Kunsthandwerk lieferten die bremischen Bauleute damals noch nicht überall. Der Gesamtplan war manchmal feiner als die Ausführung. Man sieht es an der ausgezeichneten, auch in der Proportion sehr sicheren Art, mit der das plastische Absetzen der Ecktürmchen gegen die Mauerflächen gehandhabt wurde.

Das Wesentlichste des künstlerischen Fassadenschmuckes stellen die Sandsteinfiguren zwischen und neben den Fenstern dar. 62-71 Ohne daß sie zu den allerbesten Arbeiten ihrer Zeit gehören, sind sie doch sehr tüchtige bildhauerische Leistungen, Architekturplastiken, dekorativ betont und durchaus für das Zusammenwirken mit der glatten Mauerfläche gedacht, Rundplastiken, aber mit einem leisen Hauch von Reliefcharakter und Anlehnungsbedürfnis an die Fläche. Untereinander sind diese sechzehn erhaltenen, ungefähr zwei Meter hohen Figuren (die vier auf der Nordseite einst angebrachten Stücke sind verloren) verschieden an Wert und Leistung. Sie bestimmten Künstlerhänden zuzuschreiben, ist nicht gelungen.

Die gotischen Standbilder zwischen den Fenstern der Fassaden.

Der leitende Bildhauer dieser laut den Rechnungen zwischen 1405 und 1407 gemachten Statuen hieß Meister Johannes; außerdem war ein Meister Henning und noch viele Gesellen beschäftigt. Aber Johannes muß die Oberleitung gehabt haben, denn außer dem üblichen Tagelohn erhielt er ein festes Jahresgehalt. Er wird mehrfach „der Bildhauer" oder „der Steinhauer" genannt, und von ihm allein wird berichtet, daß er die „Formen", die Holzmodelle der Steinmetzarbeiten, herstellte und kolorierte, und auch, daß die Bemalung der fertigen Statuen seinen Händen anvertraut wurde. Da ihm verschiedene Extravergütungen bewilligt wurden, ein weitgehender Vorschuß, ein Geschenk in Bargeld an seine Frau und das Schlachten eines Ochsen nach Fertigstellung der Arbeit, darf man annehmen, daß er ein angesehener Mann war.

Dieser Meister Johannes war kein Bremer, sondern er hielt sich nur für die Dauer der Arbeit in der Stadt auf, mit seiner Frau in einem für ihn vom Rat gemieteten Hause wohnend. Er war von Hannover gekommen und ritt auch während der Arbeit mehrfach dorthin zur Regelung von Steinkauf. Denn er arbeitete in dem in der Nähe von Hannover wachsenden Deistersandstein. Da es in Hannover ebensowenig wie in Bremen eine eingesessene Steinbildhauerschule von Bedeutung gab, dürfen wir ihn als einen reisenden Meister ansehen.

Der neben ihm arbeitende Meister Henning scheint auch kein Bremer gewesen zu sein, da er im Gasthause wohnte. Er bekam nur den üblichen Meisterlohn, kein Jahresgehalt. Formen hat er nicht hergestellt, und die Bemalung der Statuen wird bei ihm nicht eigens erwähnt. Er wird also ein wesentlich ausführender, nicht erfindender Steinmetz gewesen sein.
Was Meister Johannes und unter ihm Meister Henning mit den Gehilfen in diesen Statuen von Kaiser und Kurfürsten, von Petrus, von Propheten und Weisen geschaffen haben, fügt sich als treffliches Mittelgut in die plastische Gesamtleistung dieser deutschen Übergangsepoche ein. Hinter und über der Bewältigung des dekorativen Teiles der Aufgabe spürt man das Wollen und in manchen Fällen auch das Können eines Plastikers, der nach Lebendigkeit des körperlichen und seelischen Ausdrucks strebt, des seelischen besonders in den Köpfen und Haltungen der Idealfiguren, des körperlichen und repräsentativen in den Gestalten des Kaisers und der Kurfürsten, die, mögen sie auch viele individuelle Züge aufweisen, dennoch mehr symbolisch, als Vertreter der Macht, charakterisiert sind, denn als eigentliche Bildnisse. Der damals regierende Kaiser, Ruppprecht von der Pfalz, der in dieser Reihe auch als Kurfürst vorkommt, sah anders aus, als er hier in Kaisergestalt oder in Kurfürstengestalt erscheint. Was an diesen Köpfen so individuell anmutet, ist nicht Porträttreue von Fall zu Fall, sondern der Ausdruck jenes Naturalismus, der in der Plastik Nordwestdeutschlands sich seit einem halben Jahrhundert ungefähr überall durchzusetzen begann, nicht nur in den Grabfiguren, die ja wegen ihres Bildnischarakters das Lebendigste der Zeit überhaupt darstellen, sondern auch in den Figuren der Heiligen auf Altären. Dieser Realismus der Auffassung, verbunden mit der von Habicht klar beschriebenen „Weichheit" des plastischen Stiles, gewonnen aus der Auseinandersetzung mit der frankovlämischen, aber auch mit der von Dijon abhängigen rheinischen Kunst, bilden die hauptsächlichsten Stilmerkmale dieser nun

62-66

in Bremen auftretenden Plastik¹). Innerhalb dieses Stiles
standen dem Meister Johannes die verschiedensten Ausdrucks-
möglichkeiten zu Gebote: das Statuarische in der Gestalt des
69 der Petridomfront gegenüberstehenden heiligen Petrus, das
67 Großbewegte in der „Moses"-Figur an derselben östlichen
Schmalseite, das Zierliche und Elegante, den gotischen Schwung
noch nicht ganz Verleugnende in einigen Kurfürstenfiguren an
der Marktseite. Die beseeltesten Ausdruckşköpfe finden sich
naturgemäß in den Idealfiguren. Jener Mann mit dem bart-
68 losen Gesicht unter der Gelehrtenmütze, den man den „Doktor"
67 nennt, verrät ruhiges, geistiges Leben, und jener „Moses"
mit dem sinnenden Ausdruck und dem visionären Blick, dieser
Mann, der in innerer Erregung sich in den Bart greift und
eine Bewegung macht, als sei er heftig von seinem Sitz auf-
gesprungen, ist eine bedeutende Charakterstudie.
Diese Figur darf sowohl nach ihrer Ausdrucksstärke wie nach
dem Reichtum ihrer plastischen Behandlung, mit dem Kon-
trastspiel der Bewegungen und der fließenden Fülle ihres Gewandstils, zusammen mit der gebückten, für Meister Johannes
ausdrücklich bezeugten Tragfigur unter dem nördlichen Eck-
turm, als die reifste Leistung dieser Bildhauerwerkstatt ange-
sehen werden. Hier hat die Untersuchung nach der Stil-
heimat dieser Künstler einzusetzen. Man scheint nicht ganz in
die Irre zu gehen, wenn man sie über Westfalen westlich
hinaus im rheinischen und kölnischen Kunstkreise zu finden
glaubt. Der Nachklang von dem durch Claus Sluter an
seinem Mosesbrunnen zur Höhe geführten Dijonstile, den
man in dieser Mosesfigur zu empfinden glaubt, erklärt sich
auf diese Weise am einfachsten, auch wenn man eine unmittel-
bare Kenntnis der Dijonwerke bei Meister Johannes nicht
annehmen will. Denn Claus Sluter ist ja selbst auch kein ge-
bürtiger Burgunder, sondern der Sohn eines rheinischen,

---

¹) Der von C. V. Habicht vorgeschlagenen Zuweisung der Bremer Statuen an
die Werkstatt der auch mit Köln in Beziehung stehenden Künstlerfamilie der
Urler (Parler) wird man seine Aufmerksamkeit nicht versagen wollen.

eines Mainzer Baumeisters. Andere Figuren wieder, holzgeschnitzte, um 1400 entstandene Prophetenfiguren im Rathaus zu Köln, zeigen ihrerseits Verwandtschaft mit den besten bremischen, und das Statuarische der Bremer Petrusgestalt läßt sich, innerhalb des Gesamtstils, am besten mit den ungefähr gleichzeitigen Aposteln am Petrusportal des Kölner Domes vergleichen. Vielleicht hat Meister Johannes dem kölnischen Kunstkreis nahegestanden. Denn auch das Ikonographische der Bilderreihe, Kaiser und Kurfürsten in Zusammenhang mit Propheten und Weisheitslehrern, hat seine nächsten Vorbilder in Köln und Mainz an dortigen Rathäusern. Der Mann, der den künstlerischen Schmuck des Bremer Rathauses bestimmte und hierfür eben die Träger der Reichsgewalt und der Weisheits- und Tugendlehrer wählte, hat sich offenbar an das Vorbild der rheinischen Großstadt gehalten.

Die Menschen von damals wollten bei dem künstlerischen Schmuck ihres mit so viel Stolz und Anspruch errichteten Rathauses nicht nur Kunst sehen, sie wollten und sollten sich auch etwas dabei denken. Diese Bürger, die sich ihr Haus bauten, stellten es hin auch als ein Zeichen ihrer politischen Macht, und sie dokumentierten dabei die Absicht, ein weises und tugendreiches Regiment zu führen. Symbole der Staatsgewalt und ideale Vertreter von intellektueller und moralischer Tüchtigkeit sollten es schmücken, Gestalten von Macht und Figuren der Weisheit. Daß die Bürger bei der Darstellung weltlicher Herrschaft Bilder des Kaisers und der Kurfürsten wollten, erscheint für eine „freie Stadt", die nur noch in geringem Maße von einem Landesherrn, dem Erzbischof, abhängig war, uns heute ohne weiteres verständlich. Aber damals bedeutete dieser Hinweis auf zeitgenössische Persönlichkeiten als Repräsentanten weltlicher Macht etwas verhältnismäßig Neues. Im 14. Jahrhundert war die historischsymbolische Vereinigung der „Neun Helden" der übliche Schmuck der Rathäuser; das Zeitlose in solcher Zusammenstellung von verschiedenen Gestalten aus dem ganzen Umkreis der Geschichte entsprach der unindividuellen Auffassung des hohen Mittelalters. Eine individualistisch gesinnte Epoche aber wollte an Stelle der Symbole lieber Figuren der Gegenwart sehen, und so ist es kein Zufall, daß die Gestalten der Kurfürsten erst in der zweiten Hälfte des 14. Jahrhunderts häufiger in der Kunst auftreten. Mochten die Kurfürsten de facto auch schon im 12. und 13. Jahrhundert neben und manchmal auch über dem Kaiser regiert haben, erst im 14. Jahrhundert wurde durch die Goldene Bulle die Institution der Kurfürsten genau umschrieben. Für die Anschauung des Volkes waren die sieben Kurfürsten die eigentlichen Träger der Reichsgewalt.

Das erste Mal, daß Kurfürsten von der Plastik hingestellt wurden, geschah in Aachen. Da schmückte der deutsche König Richard von Cornwall, in Aachen 1257 gekrönt, sein Privathaus mit den sieben Gestalten. Er selbst kommt in der Reihe noch nicht vor: „König von Kurfürsts Gnaden". Durchgesetzt hatte seine Wahl aber der Kurfürst von Köln. An den Zinnen des Mainzer Rathauses, aus dem Anfang des 14. Jahrhunderts, kommen die Kurfürsten, dieses Mal neben dem Kaiser, wieder vor, in Reliefs paarweise einander zugeneigt, kämpfend oder redend. In der Reihe der bremischen Kurfürsten haben sie untereinander keine Verbindung, jeder steht für sich, mit einer einzigen Ausnahme: Die beiden Erzbischöfe von Köln und Trier, an ihren Wappen kenntlich, sind einander zugewendet und reden miteinander. Genau so nun, mit der zweifelnden Gebärde des Trierers und mit der beteuernden Handbewegung des Kölners, wie in Bremen, sind diese beiden an den Zinnen des Rathauses von Mainz zueinander in Beziehung gebracht, mit klarer Anspielung auf ihre politische Nebenbuhlerschaft und ihre Kämpfe am Rhein. Der Bremer Ratsherr also, der den Statuenzyklus für sein Bremer Rathaus festlegte, wird die Mainzer Darstellungen gekannt haben, falls hier nicht etwa sein Bildhauer aus eigenen Erinnerungen schöpfte.

In Köln selbst gab es aber auch eine Darstellung von Kurfürsten, und zwar im Rathaus, im Hansasaale, der noch mit den „Neun Helden" geschmückt war. Ein Freskogemälde an einer der Wände dieses Saales zeigte unter den Brustbildern von Propheten auch die Gestalten des Kaisers und der sieben Kurfürsten. Der Kaiser hält in der Rechten ein Spruchband: „Ir sult des ryches noet besinnen wael up verlies und up gewinnen". Sein Finger deutet auf das Wort „ryches". Und einer der Propheten macht eine abwärts deutende Bewegung. Die Kurfürsten sollen also, auf Mahnung des Kaisers, zunächst an das Reich denken und nicht an eigenen Gewinn und Verlust; und die Propheten, die Weisheits- und Tugendlehrer, unterstützen diese Mahnung. Dies ist der eigentliche Sinn der Zusammenfügung der Reichsvertreter mit den alten Weisen, die ja in dem Bremer Statuenzyklus für uns heute nicht ohne weiteres klar ist.

Plastische Darstellung von Kaiser und Kurfürsten also findet sich zuerst am Rhein, nicht weit von Köln. In Mainz wird sie, nun schon am Rathaus, weiter entwickelt, und ein nicht bedeutungsloser Einzelzug, der Verkehr zwischen dem Kölner und dem Trierer, für Mainz am Rhein verständlich, kehrt in Bremen wieder. Die Verbindung aber von Kurfürsten und Weisen, für Bremen zunächst etwas zusammenhanglos, tritt in einem klaren und eindeutigen Beispiel zuerst im Kölner Rathaus auf, in demselben Rathause, für das auch eine Reihe von plastischen Propheten geschaffen wurde. So hat das Ikonographische der Bremer Statuenreihe im rheinischen Kunstkreise seine Vorbilder.

Der leitende Mann im öffentlichen Leben Bremens war der Bürgermeister Johann Hemeling, der seit 1382 im Rat saß und seit etwa 1390 das Amt des Dombaumeisters führte. Er war eine bedeutende politische Persönlichkeit, in den Kämpfen zwischen Patriziat und Demokratie einerseits und Stadt und

Erzbischof anderseits spielte er eine höchst wirksame Rolle, immer bemüht, das Ansehen des alten Rates, das durch die sozialen Unruhen in der zweiten Hälfte des 14. Jahrhunderts geschwächt war, zu stärken und der Stadt eine möglichst selbständige Stellung gegenüber dem Erzbischof zu verschaffen. Er wollte eine „kaiserfreie" Stadt — das ist mehr, als bloß „reichsfreie" —, eine Stadt, die als einzige Oberhoheit den Kaiser anerkennt, unter stillschweigender Umgehung des Landesherrn, des Erzbischofs. Dieses Wort „kaiserfrei" scheint von Hemeling erfunden und mit vorsichtiger Überlegung in die literarischen Aufzeichnungen hineingepaßt zu sein; in den Fälschungsprozessen, deren sich der Bürgermeister zur Erlangung seiner Zwecke bediente, wurde es bedeutungsvoll. Was Hemeling für Bremen beanspruchte, waren nun zum Teil nicht Forderungen, die allein für diese Stadt Sinn hatten, sondern die, mutatis mutandis, auch von anderen erhoben wurden. Ja, man hat für seine politische Arbeit ein Vorbild feststellen können, und dieses Vorbild ist: — Köln. Die gefälschten Urkunden, die er für seine Absichten anfertigen ließ, handeln von drei Rechten, die Bremen verliehen sein sollten: 1. Die Befriedung der Weser bis an die See, 2. die Befreiung von der Feme, 3. die Tracht der Ratsherren in Gold und Bunt (mehrfarbiges Pelzwerk). Die beiden letzten Ansprüche, die in einer gefälschten Urkunde sofort Verdacht erregen würden, wenn ihnen keine Präzedenzfälle vorausgingen, sind nun tatsächlich nach Kölner Muster formuliert: Köln war die einzige Stadt, die Befreiung von den heimlichen Gerichten erlangt hatte, und die einzige im heutigen Deutschland, wo die Ratsherren in Gold und Bunt einhergingen, nach Weise der Ritter. Für die rheinische Hauptstadt erklärt sich dieser Anspruch leicht aus dem Umstande, daß der Kölner Rat mit dem um die Stadt herum wohnenden Adel vielfach versippt und verschwägert war und diesen Verwandten nicht nachstehen wollte. Bei den Bremern war dies kaum mehr der Fall — es handelt sich hier eben um eine der vielen

Rangeifersüchteleien, die sich durch jene ganzen Jahrzehnte der innerhansischen Geschichte hinziehen und in denen das Bestreben Bremens deutlich zutage tritt, gleich nach Köln, das heißt also: vor Lübeck, zu stehen. Die in Frage kommenden Urkunden und die auf sie bezüglichen Stellen in der Chronik von Rynesberch und Schene, die von Hemeling „überarbeitet" sind, können allerdings erst nach 1420 entstanden sein, also 15 Jahre später als der Rathausbau. Aber die engen bremisch-kölnischen Beziehungen bestanden nicht erst seit damals, sondern schon lange vorher. Die bremische Ratsverfassung von 1398, die nach dem Vorbild des kölnischen Verbundbriefes vom Jahre 1396 gestaltet wurde, beweist es zur Genüge. Es kommt auch nur darauf an, zu zeigen, daß der Mann, der seit dem letzten Jahrzehnt des 14. Jahrhunderts die öffentlichen Angelegenheiten Bremens für ein Menschenalter leitete, mit den kölnischen Verhältnissen so vertraut war, daß er auch in einer ursprünglich ziemlich harmlosen Trachtfrage an diese Stadt als Vorbild dachte. Seit 1390 war er Dombaumeister, und wenn auch sein Name nachher beim Rathaus nicht besonders genannt wird, sondern anderen Ratsherren die Geschäftsordnung anvertraut war, so muß man doch bei dem eminent politischen Charakter dieses Baues unbedingt annehmen, daß der Bürgermeister bei diesem Plan eine hervorragende Rolle spielte. Er wird bei der Auswahl des symbolischen Schmuckes sehr beteiligt gewesen sein, und da dieser ehrgeizige Mann seine Stadt immer gern mit dem mächtigen Köln vergleichen wollte, liegt der Gedanke nahe, daß er auch hierin kölnischen Vorbildern gefolgt sei. Das Zusammentreffen, daß in Köln und in Bremen die Rathäuser mit denselben damals im übrigen nicht häufigen Symbolen geschmückt wurden, ist also wohl nicht zufällig, und auch von dieser Seite wird die Wahrscheinlichkeit, daß man sich als leitenden Künstler einen Bildhauer aus Köln kommen ließ, glaubhaft.

Zwischenspiel: Der Roland.

73 Den gotischen Standbildern an den Rathauswänden steht die im Jahre 1404 errichtete Rolandsäule nicht nur durch dieses Datum ihrer Entstehung nahe, sondern sie gehört unmittelbar auch historisch, auch als symbolischer Gedanke mit dem gotischen Rathaus zusammen.

72 Auf ihrem allerdings im Jahre 1512 erneuerten Schilde steht die offenbar aber den alten Wortlaut treulich wiederholende plattdeutsche Inschrift:

> „vryheit do ick ju openbar
> de Karl und mennich vorst vorwar
> desser stede ghegeven hat,
> des danket Gode, is min radt."

Im Jahre 1404 hatte der Rat in einem Erlaß die Freiheit der Stadt betont. Roland redet wieder von dieser von Kaiser Karl und anderen Fürsten verliehenen Stadtfreiheit und fordert zur Dankbarkeit gegen Gott auf. Roland, Kaiser Karls Palabin, sicher eine geschichtliche Persönlichkeit, tritt als Hort der städtischen Freiheit auf, jener Freiheit, welche die Bremer damals gegen den Landesfürsten durchgesetzt hatten und die sie mit allen Mitteln, auch mit den Mitteln der Dokumentenfälschung, zur Geltung zu bringen trachteten. Jedoch ist Roland nicht erst damals zum Schützer der Kaiserfreiheit ernannt worden. Die Vorstellung war älter und lebte im Volksbewußtsein, und auch dem hölzernen Vorgänger des steinernen Roland hatte schon die gleiche Bedeutung innegewohnt. Sonst hätten die erzbischöflichen Mannen ihn im Jahre 1366 ja nicht zerstört. Das Bestehen einer einfachen Roland-Spielfigur oder einer Mimengestalt, als welche der Roland in Niedersachsen zeitweise sehr populär war, wäre dem geistlichen Landesherrn sicher kein Dorn im Auge gewesen. Die heute auf dem Markt, dem Rathaus gegenüber, freistehende steinerne, neun Meter hohe Rolandsäule ist der erste Steinroland im niedersächsischen Gebiet und diente dann im

Laufe des 15. Jahrhunderts allen anderen Steinrolanden an Rathäusern und auf Märkten künstlerisch wie geistig als Vorbild. Man nimmt wohl mit Recht an, daß dieser Bremer Steinriese ursprünglich aber nicht frei stand, sondern sich an eine Wand des Rathauses anlehnte und erst im Jahre 1512 an seinen jetzigen Platz umgesetzt wurde. Damals wurde der fialengekrönte Rückenpfeiler aufgemauert, damals wurde der Schild erneuert und damals wurde der einst nur bis zu den Knien reichende Rittermantel in der Absicht des Monumentalisierens bis auf den Boden verlängert. Diese Stücke sind aus anderem Stein gemacht als die Statue selbst, nämlich aus Oberkirchner Sandstein.

Als Meister Johannes, der auswärtige Bildhauer, mit den Statuen an den Rathauswänden begann, stand der Roland schon und war auch schon, mit 170 Bremer Mark, bezahlt. Ein Werkstattzusammenhang zwischen ihm und den Kurfürstenbildern besteht nicht, und die künstlerischen Ähnlichkeiten gehen auch kaum über Trachtfragen und Äußerungsformen des Zeitstils hinaus. Die Verschmelzung zwischen individualistischer, beinahe bildnishafter Gestaltung, als eines Neuen, mit dem Charakter gotischer Zierlichkeit innerhalb der Weichheit des plastischen Gewandstils findet man an vielen Arbeiten dieser Epoche in ganz Norddeutschland.

Ob der Roland von einem Bremer Steinhauer oder von einem auswärtigen Künstler gearbeitet wurde, weiß man nicht. An Größe sowohl wie an Monumentalität hat er seinesgleichen im ganzen Umkreise der damaligen deutschen Plastik nicht, und es ist nicht wahrscheinlich, daß er mit diesen Eigenschaften die uns anschaulich nicht mehr vorstellbare Gestalt der alten Holzrolande sollte fortgesetzt haben. Eine durchaus einmalige schöpferische, künstlerische Leistung ist hingestellt worden. An seinem ursprünglichen Platz, an der Rathauswand bis in die Höhe des Obergeschosses aufreichend, muß der Roland noch mächtiger gewirkt haben als heute, ganz und nachdrücklich nur auf die Vorderansicht berechnet. Steil und starr wie ein

Turm, mit strenger Achse. Belebt wird die Starre nur durch die Falten der Mantelmassen und durch die Verschiedenheit in der Haltung der Arme. Die linke Hand faßt die mit einem lautenspielenden Engel geschmückte große Schließe des tiefsitzenden Gürtels, die rechte hält das nackte Schwert hoch. Die Beine stehen wie Säulen, alles ist auf den Eindruck des Aufragenden hin komponiert. Natürlich war das Standbild im einzelnen nicht nur vergoldet, sondern auch weitgehend bemalt, blau an der Rüstung, rot am Mantel. Auf den Mantel war früher eine heute nicht mehr vorhandene satirische Darstellung gemalt, ein Löwe (oder Wolf?), der sich mit einem Hunde (oder Fuchs?) um einen Knochen streitet, mit der Inschrift: „Eenem jeden dat sine". Es sollte jedem, dem Landesfürsten nicht mehr als der Bürgerschaft, nur das Seine gehören, im Sinne jener Versöhnungsformel nach der Zerstörung des Holzrolandes, in welcher der Erzbischof sich verpflichtete, die alten Rechte und Freiheiten des Rats, der Bürger und der Stadt künftig zu wahren. Das kleine Reliefbild zwischen den Füßen des Riesen einwandfrei zu deuten, ist wegen der starken Verwitterung nicht möglich. Vielleicht stellte dieser Kopf, wie Habicht vermutete, Till Eulenspiegel dar, die beliebte Mimenfigur Niedersachsens.

Innerhalb der monumentalen Gesamtgestaltung der Rolandsäule lebt nun aber eine weit über das nur Dekorative hinausgehende, stark gespannte plastische Kunst. Und zwar eine Kunst, die nicht nur durch die feine, wenn auch nicht übertrieben modische Eleganz der Rittertracht spricht, sondern durch die von aller Kraft doch nicht erdrückte Zartheit des unbehelmten Lockenkopfes. Dieser Kopf ist in seiner Vereinigung von rassiger Kraft und Ausdrucksfeinheit ein Meisterwerk, hierin auch den besten der Rathausfiguren noch überlegen.

Die Frage nach der künstlerischen Herkunft solcher Leistung läßt sich beantworten, wenn man das Werk in die Entwicklungsreihe der nordwestdeutschen Grabfiguren einreiht, wie

Habicht es mit überzeugungskraft getan hat. Des Bürgermeisters Arnd von Gröpelingen Grabstein in der Ansgarikirche zu Bremen, ein Rittergrab im Bremer Dom (ebenfalls, wenn auch willkürlich, „Roland" genannt), die hölzernen Grabfiguren Heinrichs des Löwen und Ottos des Milden im Braunschweiger Dom und vor allen Dingen das Grabmal des im Jahre 1391 jugendlich verstorbenen Herzogs Wilhelm von Braunschweig in der Kirche von Hardegsen dürften die künstlerische Ahnenreihe des Bremer Rolands bezeichnen. In ihnen findet sich, anfangs zaghaft, im Laufe der Jahrzehnte immer stärker das Streben nach realistischer Gestaltung, natürlich hier, wo es sich um klare Bildnisaufgaben handelte, noch deutlicher als im Gesicht des als Idealtypus gedachten Roland. Aber die Ähnlichkeit zwischen seinem schönen Lockenkopf und dem Antlitz des Herzogs Wilhelm ist mindestens ebenso groß wie die in der Behandlung der Rittertracht mit Panzer und Schwertgurt, Schnabelschuhen und Mantel. Diese Braunschweiger Arbeiten wird der Bremer Künstler und sein Auftraggeber gekannt haben, um so mehr, als gerade damals auf dem erzbischöflichen Stuhle Bremens ein braunschweig-lüneburgischer Fürst saß, der Herzog Otto, der mit den bremischen Bürgern nicht schlecht stand und stets bemüht war, sich mit ihnen wegen seiner ewigen Geldverlegenheiten gut zu stellen. Auftraggeber für die Rolandsäule aber wird jener Bürgermeister Johann Hemeling gewesen sein. Denn Anspruch auf Freiheit und Macht der Stadt hieß das große Leitmotiv seiner auf die Kaiserfreiheit abzielenden Politik. Und Rittertracht bei seinem städtischen Freiheitshelden war für ihn, wie man aus seinen Aktenfälschungen ersieht, kein Hinderungsgrund, sondern im Gegenteil eher eine Stärkung seiner politischen Absichten.

Die gotische Halle.

Rathäuser waren vor einem halben Jahrtausend nicht wesentlich Verwaltungsgebäude und Kanzleien, nicht vorwiegend Stätten des schriftlichen Verkehrs, sondern Stätten der mündlichen Verhandlung und der öffentlichen Rede. Was man brauchte, waren weniger Stuben und Zimmer, sondern Versammlungsräume, und so bestand das Innere des gotischen Rathauses aus zwei Hallen, und zwar Hallen, welche die ganze Länge und die ganze Breite des Bauwerks einnahmen. Das andere, Archive und Beratungszimmer, wurde an der Nordseite in einem Anbau untergebracht, von dessen Aussehen wir heute uns indessen keine anschauliche Vorstellung mehr machen können.

Jene Ratshalle, in der die Sitzungen des Rates und der Bürgerschaft stattfanden, lag im oberen Stockwerk des Hauses. Für die Bürger war sie nur zugänglich über die von der Straße auf der Nordseite her aufgeführte Freitreppe, für die Ratsherren bestand eine auch mit dem Ratskeller verbundene schmale Treppe, wohl eine Wendeltreppe, im Inneren des Gebäudes. Wo sie gelegen hat, wissen wir nicht; die jetzt in der Südwestecke befindliche innere Wendeltreppe mit dem
92 schönen Renaissancegeländer ist eine spätere Zutat.
91 Unter dem großen Ratssaal nun liegt die untere große Halle.
93 Sie hat ihren alten gotischen Charakter rein bewahrt: ein langer ungeteilter Saal, auch, wie der im Oberstock, die ganze Erstreckung des Baus einnehmend. Sie ist durch zwei Reihen von je zehn mächtigen, ziemlich derb geschnittenen achtkantigen, auf Sandsteinbasen stehenden, mit Bandwerk schlicht verzierten Eichenholzpfeilern in drei Längsschiffe abgeteilt. Eine flache Holzdecke mit 36 Unterzugsbalken liegt auf den Sattelhölzern dieser Pfeiler. Die Nordwand der Halle wird durch elf flachbogige, mit Schrägsteinen eingefaßte Blenden gegliedert. Schmucklos das Ganze, aber würdig und ernst, schön in den Proportionen und wohltuend im Raumgefühl.

In alten Zeiten wird die Halle nicht allzuviel Licht bekommen haben, denn auf der Marktseite lag ja ein niedriger Laubengang davor, so daß die Beleuchtung vornehmlich den Fenstern der Schmalseiten neben den großen Portalen verdankt wurde. Um wenige Stufen über das Straßenniveau erhoben, ermöglichten diese großen, einander gegenüberliegenden Tore den freien Zugang und den Durchgangsverkehr durch diese Halle. 54 Sie diente nicht den Ratsverhandlungen oder sonstigen Regierungsgeschäften, sondern vor allem, ähnlich wie die offene Bogenhalle außen an der Südseite, nach dem Platz zu, dem Marktverkehr. Hier hatte immer jeder Zutritt. Auch Theatervorstellungen sollen hier gelegentlich stattgefunden haben. Wenn wandernde Schauspielertruppen nach Bremen kamen, schlugen sie ihre Bühne, soweit es sich nicht um religiöses Spiel handelte, gern in und bei den Rathäusern auf. Rathäuser hießen oft auch "Spielhaus" oder "Theatrum", und in einer Urkunde vom Jahre 1229 wird das damalige gemietete Haus des Bremer Rates "domus theatralis" genannt. So diente diese untere Rathaushalle allen möglichen Bedürfnissen des ganzen Volkes. Heute ist sie in ihrer alten Erscheinung wiederhergestellt. Einige in die Blendbögen der Nordseite eingefügte Portale aus späteren Jahrhunderten, teils aus Stein, teils aus Holz, beleben den Gesamteindruck. Die am weitesten nach Osten zu gelegene Steintür, in der Laibung mit Medaillons und Putten, Trophäen, Ranken und Laubgehängen in flachem Relief verziert, eine Arbeit aus dem Übergangsstil zwischen der Spätgotik und der Frührenaissance, stellte die Verbindung her zwischen der Rathaushalle und einem im Jahre 1545 errichteten äußeren Anbau.

Umbauten und Änderungen.

Im Laufe der Zeit, bei großem politischem und wirtschaftlichem Aufschwung Bremens, war das Rathaus zu klein geworden. Man brauchte, als das „Schreibwerk" nicht mehr so sparsam gehandhabt wurde wie im Mittelalter, neue Räume für Kanzleien und dergleichen, aber auch für Beratungen. Es wurde an der Nordseite angebaut. Spätestens im Jahre 1532 wurde die steinerne Außenfreitreppe abgebrochen und eine heute noch bestehende hölzerne Wendeltreppe von der unteren zur oberen Halle in der Nordwestecke eingefügt. In unmittelbarer Nähe des erzbischöflichen Palastes, angelehnt an die Maria-Magdalenen-Kapelle des Palatiums, wurde dann im Jahre 1545 der Erweiterungsbau des Rathauses vorgenommen, ein Bau mit je einem Giebel im Osten und im Westen, Giebel mit halbrund geschlossenen Stufen und mit Pilasterstellungen. Der Ostfront war ein zweigeschossiger Erker vorgelagert. Erhalten ist von diesem in späteren Jahrhunderten immer und immer wieder veränderten Anbau nichts mehr, ebensowenig wie vom erzbischöflichen Palatium. Die kleine Abbildung in Dielig Chronik indessen gibt eine ungefähre Vorstellung von dem einstmaligen Aussehen.

Doch haben sich schon gegen Ende des 15. Jahrhunderts an der Nordseite Räumlichkeiten für Sitzungszimmer befunden. Die steinerne Tafel, über der in der oberen Rathaushalle sich zu einer alten Ratsstube öffnenden Tür eingemauert, stammt mit ihren Bürgermeisterwappen und den lateinischen Sinnsprüchen aus dem Jahre 1491.

Bei jenem Erweiterungsbau aus der Mitte des 16. Jahrhunderts wurde ein heizbares Gemach, die oft so genannte „Neue Wittheitsstube" eingerichtet und mit Holztäfelungen im Stile der flandrischen Frührenaissance ausgestattet. Mit der Jahreszahl 1550 in der oberen Halle ist das Portal zu diesem für vertrauliche Zusammenkünfte der Ratsherren bestimmten Zimmer datiert. Eine Umrahmung mit akanthus-

geschmückten geriefelten Säulen, mit Rankenornament an den Seiten wappentragender Putten im verkröpften Türsturz. Ein flacher Dreiecksgiebel mit Muschelornament im Felde, stark profiliert und mit wappenhaltenden nackten Engeln, krönt das Ganze.
Vielleicht hat man schon damals, im Zusammenhang mit dem nördlichen Anbau, eine gänzliche Umgestaltung auch der übrigen Rathausfronten geplant. Eine Fensterumrahmung auf der linken Seite des Westportals mit flachem Dreiecks- 54 giebel und schlanker Pilasterteilung fügte man im Jahre 1551 ein. Weitere Spuren solcher Neugestaltung indessen sind nicht vorhanden. So wissen wir nicht, wieweit diese Pläne bei den Zusammenkünften in der Wittheitsstube gediehen sind, und so dürfen wir froh sein, daß sie praktisch nicht damals schon ausgeführt wurden. Denn damals verfügte man kaum über einen Baumeister von ebenso großen Fähigkeiten, wie sie Lüder von Bentheim besaß. Diesem Künstler verdankt das Bremer Rathaus seine endgültige Gestalt. Wurden die Umbauten des 16. Jahrhunderts wesentlich aus praktischen Gründen vorgenommen, um Raum zu gewinnen und die Verwaltungszimmer in engere Verbindung mit dem eigentlichen Rathaus zu bringen, so ist die große, kurz vor dem Ausbruch des Dreißigjährigen Krieges geschehene Umgestaltung des ganzen Rathausbaus unter anderen Gesichtspunkten beschlossen worden. Die schlichte, halb festungsmäßige Gestalt genügte ästhetisch den Ansprüchen der neuen Zeit und dem Ansehen der mächtig und reich gewordenen Stadt nicht mehr. Daß der alte Bau an manchen Stellen mochte schadhaft geworden sein und einer Erneuerung, besonders am Dach, bedurfte, wird der Anlaß zu dem Beschluß des Umbaus gewesen sein. Daß man immerhin zwei neue, nicht sehr große Räume, die Güldenkammer und das über ihr liegende Archiv, hinzubekommen würde, wird erwünscht gewesen sein. Aber vor allem handelte es sich jetzt um Kunst. Man wollte die große Repräsentation.

Friesfüllung an der Südfront.

Lüder von Bentheims Umbau.
Das Baumeisterliche.

Den Menschen des beginnenden Barockjahrhunderts, Bauherrn sowohl wie Architekten, erschien das alte Rathaus nicht nur zu schlicht und ernst, sondern zunächst auch einmal zu niedrig. Als des ehrbaren Rates Zimmermeister Johann Stolling von der Stolzenau den Auftrag bekam, den schadhaften Dachstuhl zu erneuern, führte er ihn beträchtlich in die Höhe und machte ihn wohl doppelt so groß, als der alte gewesen war. Die Proportion zwischen Haus und Dach hatte sicher der leitende Baumeister, Lüder von Bentheim, Steinhauer seines Zeichens, so festgelegt. Denn das Ganze dieses Umbaus ist nach einem offenbar bis ins letzte künstlerisch durchgearbeiteten Plane gestaltet worden: Proportion und Gesamtrhythmus, die Verteilung der baumeisterlichen Akzente und die Anordnung der Schmuckteile erscheinen durchaus als das Werk eines künstlerischen Willens und einer persönlichen künstlerischen Phantasie. Um so erstaunlicher ist es, mit welchem Takt das Vorhandene geschont und in seiner Wirkung belassen, in manchen Dingen, wie etwa bei den Statuen, in seiner Wirkung noch gesteigert wurde.

Die weitestgehende Umarbeitung erfuhr die nach dem Markte zu liegende Schauseite des Gebäudes. Zwar wurde der Arkadengang beibehalten, doch verwandelte man seine achtkantigen Pfeiler in runde Säulen toskanischer Ordnung. Die ein-

fachen glatten Ziegelflächen der alten Bogen machten einer
reich behandelten Rundbogenarchitektur aus Sandstein Platz
und an Stelle des schlichten gedeckten Zinnenkranzes und Wehrganges trat ein starkes Gesims mit einem durchbrochenen, 60, 77
plastisch bearbeiteten Geländer darüber.
Schwächster Punkt der gotischen Fassade war, da die Portale 58
auf den Schmalseiten lagen: sie hatte keine Mitte. Denn die
kleine, im Zentrum des Wehrganges befindliche gedeckte Laube
genügte nicht zur Betonung. Hier setzte die architektonische
Phantasie Lüder von Bentheims mit ebensoviel Unerschrocken-
heit wie Takt ein: Der Künstler zog aus dem Baukörper
einen breiten Mittelbau von drei Achsen vor, bis an den 53
vordersten Rand der Balustrade, und gliederte ihn in zwei
Stockwerke, da im Innern dieses Anbaus zwei Geschosse über-
einander liegen sollten. Dann setzte er einen großen, den
Dachfirst um ein gutes Stück überragenden fünfstufigen
Treppengiebel darüber, mit Doppelsäulen und Relieffriesen, 33
mit Konsolen und Ornamentplatten, mit Pyramiden und
Schwibbogen und vor allem mit Freifiguren reich ausgestaltet.
Mit musikalischem Gefühl für rhythmische Gliederung gab er
diesem Mittelgiebel zwei kleinere, unter der Firsthöhe blei-
bende, ähnlich gestaltete Giebel zur Seite, und den abgebroche- 35, 75
nen Zinnenkranz ersetzte er durch ein schwer profiliertes und
reich modelliertes Gesims und eine durchbrochene Galerie; 53
wo früher die Ecktürmchen mündeten, stellte er sehr bewegte
Freifiguren auf den Vorsprung. An den gotischen Fenstern 61
tat er nichts weiter, als daß er ihnen abwechselnd einen flachen
Dreiecksgiebel und einen Flachbogen als Bekrönung aufsetzte. 76
Dadurch wirken nun die Standbilder von Kaiser und Kurfürsten zugleich schlanker und bewegter.
An den beiden Schmalseiten änderte er absichtlich sehr wenig. 54
Hier fügte er nur das Kranzgesims und die konsolengetragene
Balustrade hinzu. Das Ecktürmchen an der Nordwestkante
ließ er mit seiner Trägerfigur völlig unangetastet. Während
also an der Schauseite das Gotische des alten Baus hinter

dem Reichtum der Spätrenaissanceformen ein wenig zurücktritt, spielt es an den Schmalseiten noch die erste Rolle, ein schönes Motiv der Wechselwirkung und der gegenseitigen Durchdringung der Elemente. Die Verschmelzung der beiden Stile ist zu einer vollgelösten, reinen Harmonie gebracht und das Ganze ist ein Meisterwerk nicht nur der Umbaukunst, sondern der Baukunst geworden.

Lüder von Bentheim also ist der Name des Mannes, der das gemacht hat. Obwohl man einiges über ihn aus den Akten weiß, läßt sich das Geheimnis seines persönlichen Wirkens heute noch nicht einwandfrei lösen.

Die Persönlichkeit.

Lüder von Bentheims Familie stammt aus dem östlichen Holland. Sein Großvater war hochgräflich bentheimischer Rentmeister in Rheda, sein Vater Herrmann ein Steinhauermeister. Der wanderte nach Bremen aus und heiratete die Tochter eines Ältermanns Meyer. Er hatte verschiedentlich Sandsteinarbeiten für den Rat ausgeführt, und als er im Jahre 1572 starb, übertrug der Rat dies Vertrauen auf seine Witwe, die das Geschäft weiterführte, bis im Jahre 1580 sein Sohn Lüder es selbständig übernahm. Im Jahre 1585 „eines ehrbaren Rates Steinhauer" geworden, arbeitete er an allen öffentlichen Gebäuden. Für die noch erhaltene Ratswaage von 1587/88 und das ebenfalls noch erhaltene Kornhaus von 1591 ist seine Mitarbeit bezeugt, ebenso wie für die Ratsapotheke und das Akzisehaus. Auch manche giebelgeschmückte Wohnhäuser und Geschäftshäuser wird man ihm zuschreiben dürfen. In den Jahren 1609—1613 lieferte er fast die gesamten Steinhauerarbeiten am Rathaus, und als er im Jahre 1613 starb, setzte sein Sohn Johannes, Gymnasiallehrer von Beruf, die Lieferungen fort, für die er im Jahre 1614 die letzte Zahlung erhält.

Davon, daß Lüder van Benthem, wie er sich selbst schreibt, der bauleitende Architekt am Rathaus gewesen ist, steht in

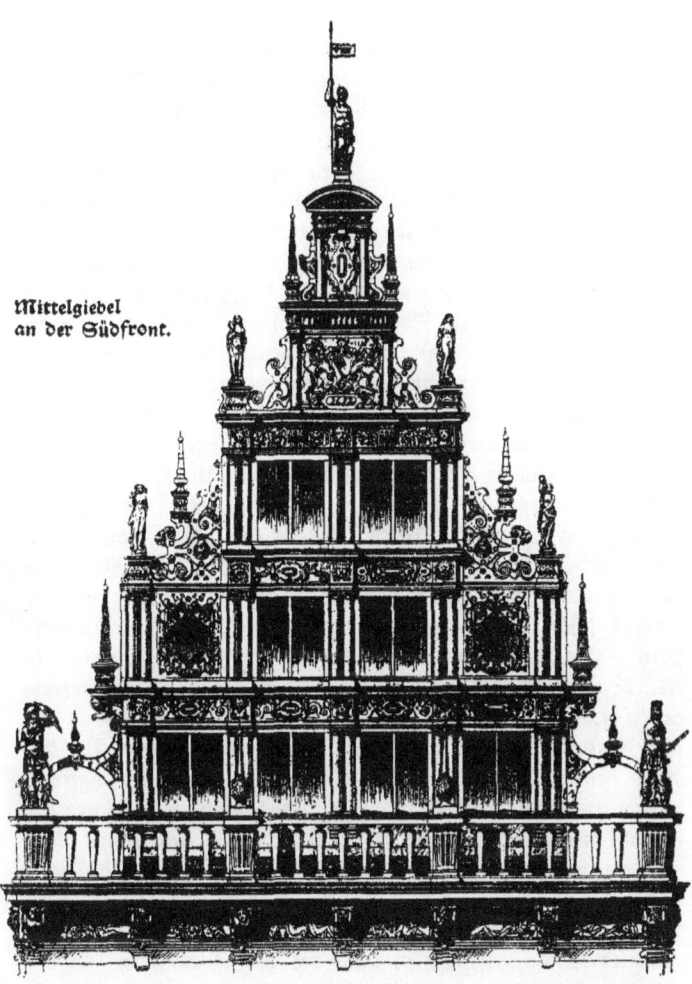

Mittelgiebel an der Südfront.

den Akten kein Wort, und auch am Rathaus selbst findet sich keine Inschrift seines Namens, trotzdem doch die Arbeit Stollincks am Dachstuhl in einer Inschrifttafel an Ort und

Stelle erwähnt ist. Aber es kann kein anderer Meister als Lüder der Bauleiter gewesen sein, wenn, wie der Augenschein lehrt, das Ganze dieses Umbaus die Schöpfung einer Persönlichkeit ist. Der in den Akten sonst noch genannte Steinmetzmeister Johann Prange spielt in den Rechnungsbüchern eine nur geringe Rolle. Ein auswärtiger, etwa ein holländischer Architekt aber konnte nicht aus der Ferne, am grünen Tisch, einen Plan für den Umbau schicken oder ihn, etwa als entwerfender Ratgeber vom Rat für kurze Zeit nach Bremen berufen, an Ort und Stelle als gültige Vorschrift niederschreiben. Das Werk ist von innen heraus während des praktischen Verkehrs mit dem alten Bau, während der Arbeit des Umgestaltungsproblems langsam gewachsen und gereift.

Lüder von Bentheim war ein weltläufiger Mensch, nicht nur ein einfacher Steinmetzmeister, ein Unternehmer, der auch mit unbearbeiteten Steinen handelte. Er vertrieb den sogenannten „Bremer Stein", der in der Nähe von Bückeburg wächst und auf der Weser nach Bremen verschifft wurde, ins Ausland, meist nach Holland. Im Jahre 1593 war er einmal schon als Rats-Steinhauer mit „Bentheimer Blockstein", also mit einer Ware, die seinen Familiennamen als Marke trug, in Haarlem gewesen. Zwei Jahre später lieferte er seinen Bückeburger oder Bremer Stein nach Leyden für den Rathausbau und im Jahre 1602 den Sandstein für den Bau des Schlachthauses in Haarlem. Seine Geschäftsbeziehungen lagen also in Holland, und so könnte man auf den Gedanken kommen, daß er künstlerisch von holländischen Baumeistern weitgehend abhänge und daß einer dieser holländischen Architekten, etwa Lieven de Key, der Meister des Leydener Rathauses mit seiner Dreigiebelkomposition und jenes Haarlemer Schlachthauses, auch bei den Entwürfen für den Bremer Rathausumbau ein Wort mitgeredet habe. Da ja Lüders bezeugte Bauten in Bremen, die Stadtwaage und das Kornhaus, einen viel einfacheren und nüchternen Stil zeigen als den Rathausstil, könne man ihm eine derartige Pracht-

Kleiner Giebel
an der Südfront

leiſtung kaum zutrauen. Zudem iſt es ja erwieſen, daß am
27. März 1612 der Rat Anweiſung gab, einem Mynherr
Hieronymus van der Elſte zwei Doppeldukaten auszuzahlen

für etliche für den Rathausbau gelieferte Stücke. Das war, nach der Höhe der Summe zu schließen, kein einfacher Handwerker, sondern ein Künstler, ein Holländer also.

Aber trotzdem kann man einem holländischen Meister, selbst jenem so originellen und vielseitigen Lieven de Key, für den Lüder die Steine besorgte, entscheidenden Einfluß auf die Gestaltung des Bremer Rathauses nicht zuschreiben. Sein Stil ist, trotz mancher Verwandtschaft in Einzelzügen, innerlich anders als der Rathausstil, künstlerisch anders. Was die Bremer Fassade so schön macht, das Rhythmische und die klare Sprache der Akzente, fehlt Lieven de Key, auch in seinen frühen, mit Bremen oft verglichenen Arbeiten. Daß die
59 Leydener offene Dachbalustrade freistehende Säulchen hat und die Bremer Balustrade sie auch hat, beweist ebensowenig künstlerische Abhängigkeit wie die Wiederkehr eines Schwibbogenmotivs am Bremer Giebel und am Turm der Leydener Annenkirche von 1613. Wohl kann man die Dreigiebelanordnung als ein Lieblingsmotiv Lieven de Keys bezeichnen. Aber gerade die Art, wie Lieven, wenn er es wirklich war,
59 die drei Giebel über der Rathausfront in Leyden angeordnet hat, zeigt ein anderes Gefühl, als es in der Komposition der drei Bremer Giebel sich ausdrückt. Hier in Bremen wirkliche Komposition, das Aufeinanderbeziehen der Teile, die klare Sprache von Überordnung und Unterordnung. Am Rathaus in Leyden dagegen steht jeder Giebel für sich allein, und die Art, wie die Giebel auf dem Kranzgesims aufsitzen, ist im einzelnen noch etwas unvermittelt und im ganzen schematisch. Der rhythmische Übergang von der Fassade zu den Giebeln ist nicht gefunden. Was man vergleichen kann (und was auf einen Zusammenhang schließen läßt), sind die beiden obersten Geschosse des Bremer Mittelgiebels und die entsprechenden der Leydener Giebel. Doch dies sind übertragbare Motive. Auf die Grammatik allein kommt es in einer Kunstsprache nicht an, sondern auf den Rhythmus des Satzes.

Und nun ist es nicht einmal sicher, daß Lieven de Key die

Giebel am Leydener Rathaus wirklich allein gemacht hat. Für einen der Giebel allerdings hat er laut einer erhaltenen Quittung Bezahlung bekommen. Aber Lüder von Bentheim hat einen Vertrag unterschrieben, in dem er sich verpflichtete, das Rathaus in Leyden in gutem Bückeburger Stein, schön und reich bearbeitet, zu machen, wie die „Patron", das heißt der Entwurf, aufweist. Und vier Quittungen „für die Herstellung der Rathausgiebel und der dazu gehörigen Zierstücke" liegen auch von seiner Hand vor, zwischen 1595 und 1597 datiert. Daß also Lüder von Bentheim die drei Giebel am Rathaus zu Leyden tatsächlich gearbeitet hat, unterliegt aktenmäßig keinem Zweifel. Es fragt sich nur, ob nicht am Ende auch der Entwurf, die „Patron", von ihm stammt. Der erste Entwurf, bestimmt von der Hand des Lieven de Key, aus dem Jahre 1593, zeigt gar keine Ähnlichkeit mit dem dann wirklich von Lüder gebauten Giebel; er lehnt sich eng an den ursprünglichen gotischen Giebel an, mit kaum feststellbarer Verwendung der modischen Renaissanceformen. Dieser Entwurf ward nicht benutzt. Im folgenden oder nächstfolgenden Jahre machte Lieven de Key einen neuen Entwurf, ebenfalls unter Bewahrung der gotischen Formen. Der soll dann dem Lüder von Bentheim zur Ausführung überlassen worden sein. Da aber nach damaligem Sprachgebrauch der „Steinhauer" nicht einfach ein handwerklicher Steinmetz war, der nur auszuführen hatte, was man ihm auf dem Papier vorlegte, sondern ein verantwortlicher Künstler, so darf man nach jenem Vertrage als sicher annehmen, daß Lüder den zweiten, noch halbgotischen Entwurf sehr weitgehend künstlerisch umgestaltete und nach seinem Sinne umarbeitete. Die beiden Portale unter den Seitengiebeln des Leydener Rathauses stammen auch von einem in Bremen wohnenden Steinmetzen, dem Meister Albert Rodtfeld, und dadurch ist bremische Arbeit dort ja auch sonst erwiesen. Jedenfalls passen die Giebel nicht zum sonstigen Stile Lieven de Keys. Der war ein Klassizist und neigte immer mehr zum Klassizismus. Sein reichster

Bau, die Fleischhalle in Haarlem von 1603, erscheint unendlich vernünftiger und kahler als die Dekoration der drei kurz vorher fertiggewordenen Giebel am Rathaus zu Leyden. Sie wirken fremd über dieser breitgelagerten Schauseite und haben schon im 17. Jahrhundert so gewirkt: Der holländische Künstler und Kunstschriftsteller Karel van Mander, der Haarlemer Schule angehörend, schreibt in seiner anno 1604, zwei Jahre vor seinem Tode, erschienenen Kunstgeschichte von den seinem persönlichen Bekannten Lieven de Key zugeschriebenen Giebeln, ihre Formensprache sei nicht holländisch, sondern „modernes Hochdeutsch". Diese Arbeiten wurden also gleich nach ihrer Fertigstellung schon als Fremdkörper empfunden. Damit wächst die Wahrscheinlichkeit, daß Lieven de Keys geistiger Anteil an ihnen sehr gering, Lüder von Bentheims auch schöpferischer Anteil an ihnen sehr groß ist. Hinzu kommt, daß von Lüders Tätigkeit in Bremen gerade zwischen den Jahren 1595 und 1609, den für den Leydener Bau entscheidenden Jahren, nicht viel bekannt ist. Er wird wohl verreist gewesen sein. Die großen Baumeister wanderten ja damals viel. Fügen wir nun die Leydener Giebel in Lüders Gesamtwerk ein, also zwischen Stadtwaage und Kornhaus (1591 und 1595) einerseits und Rathausumbau anderseits, so wird uns die künstlerische Entwicklung Lüders klar: In den Frühwerken nüchtern und zaghaft, mit vorsichtiger Verwendung von Renaissanceschmuck; im Rathausumbau zu Bremen so reich und üppig als Dekorateur, daß die Kluft zwischen den Frühwerken und dem Spätwerk kaum überbrückbar schien. In die Mitte dieses Lebensweges aber nun die Leydener Giebel gestellt, bilden sie das Bindeglied und zeigen eine entscheidende Stufe seiner Stilentwicklung. Sie sind reicher, auch im Dekorativen reicher als die Frühwerke, aber bei weitem noch nicht so reich wie das Bremer Rathaus, wenn sie auch in manchen Einzelmotiven schon dessen Stil vorbereiten. Wie man das macht, einem gotischen, langgestreckten Hallenbau ein Renaissancegewand überzuwerfen — denn auch die Arbeit in Leyden bedeutete ja einen solchen Umbau —, mochte Lüder in Leyden gelernt haben. Es war sehr schwer, und hier in Leyden war er noch nicht ganz sicher in der Bewältigung solcher Aufgabe. Vorbereitende Motive und Übergänge vom einen zum anderen stehen noch etwas unvermittelt und hart gegeneinander. Die schlichten, sehr glatten Flächen der zweigeschossigen Schauseite, für die wohl Lieven de Key verantwortlich zeichnete, verbinden sich, trotz der Balustrade, nicht ganz rhythmisch mit dem Formenreichtum vor dem Dach. Diese Musik beherrscht er in Leyden noch nicht. Als er dann aber seine dort gemachten Erfahrungen am Umbau des Bremer Rathauses verwenden konnte, war er, von anderen Entwürfen hier unbehelligt, seiner Harmonien ganz sicher geworden. Lüder von Bentheim, der ja die Leydener Giebel nachweislich mindestens ausgeführt hat, ist, da sie die Vorstufe zu seinem Meisterwerk darstellen, also nicht künstlerisch von Lieven de Key abhängig, sondern er ist ein Meister von eigenen Gnaden. Nicht die Bremer Fassade ist holländische Architektur, sondern die holländischen Giebel sind deutsch, sind Lüder von Bentheim.

Verarbeitung fremden internationalen Kunstgutes dagegen bedeutet das, was vielleicht den größten Ruhm der Bremer Rathausfassade ausmacht: der plastische Schmuck. Bei seiner Anordnung, bei der Auswahl der Motive und bei der Zusammenfügung zu einem harmonischen Ganzen hat sich Lüder, dem man die künstlerische Oberleitung auch hier zuschreiben muß, vieler fremder, auch niederländischer Vorbilder bedient. Das Einströmen der ursprünglich südlichen Renaissancedekoration nahm einen seiner Wege nach Nordwestdeutschland von den Niederlanden aus, und Lüders Vater war ja aus Holland gekommen. Aber es ist nicht nur niederländisch gefärbte Renaissance benutzt worden. Man nahm das Gute, wo man es fand. Und man fand es in Kupferstichen, Ornamentwerken und Vorlagebüchern.

Lüder von Bentheim war kein Purist, kein Gläubiger der

Heilslehre von der unbedingten Stilreinheit. Als er in den Vorlagewerken blätterte und überlegte, wie er das Aussehen der Rathausfassade mit bildhauerischem Schmucke so reich und prächtig ausstatten könnte wie nur irgend möglich, nahm er nicht nur das Allerneueste und Modernste, was es damals gab, aber auch nicht nur das Übliche und Hergebrachte; nicht nur Niederländisches, aber auch nicht nur Süddeutsches und weiterhin Italienisches, sondern er mischte alles durcheinander, nahm dies und jenes und ließ die Architekturformen nur für eine gewisse Ordnung innerhalb des Reichtums sorgen und trennte die verschiedenen Stilformen räumlich: bei der Dekorierung des Mittelrisalits, an der Dachbalustrade und an den Giebeln schreibt er ein wenig niederländisch, in jenem Stil der Ornamentik, in dem Cornelis Floris und Vredeman de Vries gearbeitet hatten. An den Arkaden und ihrer Brüstung dagegen hält er sich an das Modernste, an die Manier des aus Süddeutschland vordringenden Barock[1]). Drei Ornamentmeister hat der Bildhauer besonders benutzt: Den Antwerpener Jakob Floris, den Nürnberger Heinrich Ullrich und vor allen den Römer Giovanni Maglioli; von dessen Stichen lagen ihm die gegenseitigen Kopien von der Hand des Nürnbergers Adam Fuchs vor. Für die Komposition von Freifiguren und historischen Reliefs bildeten die Stiche des Haarlemers Hendrik Goltzius eine unerschöpfliche Fundgrube.

Schon aus der Art, wie Lüder bei der Benutzung von Vorbildern sehr frei verfuhr und die Stile mischte, geht hervor, daß es sich auch gegenständlich nicht um einen einheitlichen Bilderkreis handelte, und daß es daher müßig wäre, einen tiefsinnigen Zusammenhang in der Sprache der bildlichen Symbole zu suchen. Der Zusammenhang ist nur sehr locker.

---

[1]) Gustav Pauli hat in seinem Buche „Renaissancebauten Bremens" diese Beziehungen klargelegt und in seinem Aufsatze „Die dekorativen Skulpturen der Renaissance am Bremer Rathause und ihre Vorbilder" (Jahrb. d. Brem. Sammlungen, Jahrg. I 2. Halbband, S. 26 ff.) die Frage der Vorbilder gründlichst erforscht und mit vielen Abbildungen belegt.

Einzelheit von der Wendeltreppe an der Güldenkammer

Daß in den Reliefs Seegötter und Tritonen und Najaden eine 78-84
große Rolle spielen, braucht nicht unbedingt einen Hinweis
auf Bremens Charakter als Seestadt zu bedeuten. Mit diesen

41

Motiven arbeitete die Hochrenaissance überall. Die Darstellung von Tugenden, die in Reliefs sowohl wie in Freifiguren recht häufig erscheinen, als Stärke und als Mäßigkeit, als Klugheit und Gerechtigkeit, als Glaube und Nächstenliebe, war für alle Rathäuser erwünscht. Doch läßt sich wenigstens eine gewisse Ordnung der Motive in der Verteilung der verschiedenen Schmuckstücke feststellen.

60 Die Schlußsteine an den Bögen des Arkadenganges sind mit schön gemeißelten Masken verziert, Tierköpfen und Menschen-
78 köpfen. In die Zwickel der Arkaden komponierte der Bildhauer allegorische, meist nackte Einzelfiguren hinein, antike Gottheiten und Gestalten aus der bremischen Sage, Personifizierungen der Naturerscheinungen und symbolische Vertreter
60 der Tätigkeiten städtischer Bevölkerung. Am Hauptstück des
80-82 Erdgeschosses, dem Fries über den Arkaden, wechseln Tritonen und Seeungeheuer mit Halbfiguren im Rankenwerk ab, Tritonen und Najaden manchmal zueinander in feindliche oder freundliche oder auch einmal erotische Beziehung gesetzt. Nur am Mittelrisalit, unter den Fenstern der Güldenkammer, wird diese dekorative Reihe unterbrochen von den Symbolen der vier Evangelisten und der Kardinaltugenden. Unter den Konsolen, welche die Säulen des Risalits tragen, hat man die steinernen Wappen der während der Bauzeit regierenden vier Bürgermeister (Heinrich Zobel, Heinrich Krefting, Johann Brand und Diedrich Hoyer) angebracht. Während in den
76 Fenstergiebeln antike Götter dargestellt sind, tragen die Friese am Mittelrisalit wieder allegorische Gestalten: unten die fünf Sinne und die sieben freien Künste, oben die vier Elemente und acht Tugenden, alle als ruhende Frauengestalten gebildet.

83 Im Fries des Kranzgesimses unter dem Dach wechseln reine Ornamentgebilde, wie Ranken und Kristalle mit Putten und Figuren von Meergöttern, ab. Als Freifiguren, an den Giebeln
86, 87 und an der Hauptbalustrade aufgestellt, erscheinen die Gestalten der Tugenden sowie Statuen antik gewandeter und gerüsteter Krieger.

Mag also immerhin ein bestimmter Grad von planvollem
Sinn in der Zusammenstellung der Bilderkreise gewaltet
haben, ebenso wie der Reichtum und die Fülle der Motive durch unterbrechende Säulen und Doppelsäulen hie und
da ein wenig gegliedert wird, — das künstlerisch Entscheidende
ist die Kostbarkeit des Schmuckes und das fortlaufende, in
ewigem Heben und Senken begriffene Fließen und Weiterfließen des Ornaments, das keine glatten Flächen im Grauwerk dulden will. Selbst über funktionell so wichtige Teile
wie Säulenfüße und Säulenschäfte geht figürliches Ornament, 84, 85
und zwar hier in besonders feiner Durcharbeitung, spielend
hinweg, überall bewegt, überall plastisch, überall in reizvollstem Gegensatz von Licht und Schatten. Der Mann, der dies
erfand, war nicht nur ein bedeutender Architekt, sondern auch
ein sehr großer, temperamentvoller und geschmacksicherer
Dekorateur und, in seiner eigenen handwerklichen Tätigkeit,
auch ein sehr gewandter Bildhauer. Natürlich ist, wie es bei
der ungeheuren Fülle der Reliefs und Figuren nicht anders
sein kann, die künstlerische Leistung an den verschiedenen
Einzelstücken sehr unterschiedlich. Nicht jeder Geselle war
so geschickt wie sein übergeordneter Meister oder wie der
Obermeister, des ehrbaren Rates Steinhauer, selbst. Aber die
besten dieser Reliefs, einige der Tritonenstücke am Arkadenfries zum Beispiel, gehören unbedingt zum Besten aus dem
ganzen Umkreis deutscher Renaissancedekoration überhaupt.
In der Bildung der schönen Kartuschenmotive an der Hauptbalustrade sowie an einigen schon sehr üppig, wenn auch noch 77
gebändigt barocken Volutenkonsolen hat man die Hand des in
den Rechnungsbüchern genannten Bildhauers Johann Prange
erkennen wollen, der auch am Oldenburger Schloßbau das
barocke Ornament gepflegt hat. An dieser Balustrade wurden,
wie übrigens auch an einigen Werkstücken der Giebel, Spuren
von Bemalung und Vergoldung gefunden.
Im Jahre 1632 muß die Fassade im wesentlichen vollendet
worden sein. Die Jahreszahl steht je einmal in den Seiten-

giebeln, außerdem im Fries der Seitenfassaden. So hat also
Lüder von Bentheim, der im Jahre 1613 starb, sein Werk
wohl noch fertig gesehen. Zwar lieferte sein Sohn Johannes
noch bis zum Jahre 1614 Sandstein für den Bau. Aber was
nach des Meisters Tode noch hinzugefügt wurde, können nur
Kleinigkeiten gewesen sein. Die Jahreszahl 1612 gilt. Sie
bezeichnet ein großes Datum in der Geschichte der deutschen
Spätrenaissance.

Die obere Rathaushalle.

Als die Baumeister und Steinhauer fertig waren mit ihrer
Arbeit, zogen die Bildschnitzer und Holzbildhauer in das Rat-
94 haus ein. Die obere Rathaushalle, der eigentliche Reprä-
sentationsraum der Stadt, bedurfte dringend einer Neugestaltung. Was im Laufe des 16. Jahrhunderts hier geschehen war, bedeutete Stückwerk. Außer der Tür zur neuen
99 Wittheitsstube von 1550 wurde ein vom Herzog Julius von
98 Braunschweig-Lüneburg im Jahre 1577 gestiftetes, sehr reich
gebildetes Portal aus Marmor und Alabaster in die fenster-
lose Langwand des Saales eingebaut. Um dieselbe Zeit, in der
man die äußere Freitreppe niederlegte und den Anbau im
Nordosten errichtete, also im Jahre 1582, hatte man diese
Langwand mit zwei monumental gedachten Gemälden und
einem geschriebenen Abriß aus Bremens Geschichte verziert:
Im Westen Karl der Große und Bischof Willehad vor einer
Ansicht des Bremer Domes. Bürgerschaft und Geistlichkeit
waren nun, auch in den Reformationszeiten, keine ge-
schworenen Feinde mehr. Im Osten, an der Stelle, wo das alte
Ratsgestühl stand, eine Darstellung des salomonischen Urteils,
also eine Allegorie jener weisen Gerechtigkeit, die einem
Stadtregiment so wohl ansteht. Von einer einheitlichen
Raumgestaltung des Saales aber war wohl keine Rede mehr
in dem Augenblick, als Lüder von Bentheim die letzte Hand
an sein Werk legte. Zudem forderte der Bau des Mittel-

Einzelheit von der Wendeltreppe an der Güldenkammer

risalits, mit den beiden gleichgroßen übereinanderliegenden Gemächern der Güldenkammer und der später zum alten Archiv gewordenen Musikbühne, eine durchgreifende Neugestaltung der Innendekoration. Denn dieser Bau sprang nach innen fast ebensoweit vor wie nach außen.
Die Güldenkammer und ihre Umgebung ist nun die Stelle, 95,96 die den reichsten Schmuck erhielt. Was Lüder von Bentheim für die Fassade getan hatte, taten die Schnitzer und Holzbildhauer hier für das Innere. Wer die leitenden Meister bei diesen Arbeiten waren, weiß man aktenmäßig nicht. Man hat,

wegen gewisser Stilverwandtschaften, an lübeckische Schnitzer gedacht, an Tönnies Evers, der in Lübeck in der Jakobikirche einige vortreffliche, reich geschnitzte Arbeiten hinterlassen hat. Aber der Gedanke daran, daß auch der zwischen 1611 und 1634 als bremischer Ratszimmermeister nachweisbare Reinecke Stollinck, Sohn jenes Johannes Stollinck, der 1609 das Rathausdach erneuerte, hier gearbeitet haben kann, ist nicht von der Hand zu weisen: Die Schnittkerinnung in Bremen beklagte sich mehrfach bitter darüber, daß der Ratszimmermeister ihr immer wieder, manchmal sogar bei Staatsaufträgen, Konkurrenz machte, daß der Zimmermeister in das Fach des Tischlers und Bildschnitzers übergriff. Tüchtig waren diese Innungsmeister, wie der Erbauer der Orgel und der Kanzel in der Martinikirche, Meister Wulffers, der den vollen Stil der Spätrenaissance beherrschte; oder wie der uns seinem Namen nach unbekannte Meister, der im Jahre 1608, also ein Jahr vor Beginn des Rathausumbaus, einen prachtvollen Schrank ablieferte, so fein und reich in Architektur und Dekoration, daß es von hier bis zu den Arbeiten an der Güldenkammer nur noch ein kleiner Schritt scheint. Eingesessenes bremisches Holzbildhauerhandwerk wird bei der Neugestaltung mindestens im hohen Maße mitbeteiligt sein.

Barock arbeitet immer in Kontrasten. Ist die Vertäfelung dieser Güldenkammerfassade in verhältnismäßig einfachen Formen gehalten, mit vielen leeren, allerdings reich umrahmten Wandfeldern, mit flacher Schnitzerei und scharfen Kanten, über dem Gesims mit dekorativen Malereien juristischer Allegorien verziert, so entfaltet sich der ganze aufgeregte Schwung und das wilde, jeden leeren Fleck im horror vacui verpönende Pathos des Stils an dem mächtigen Portal zur Güldenkammer. Nur vier Jahre später fertig geworden als Lüder von Bentheims Sandsteinschmuck mit der immerhin noch maßvollen Sprache der Spätrenaissance- oder Frühbarockformen, ist in diesem Holzwerk aller Überschwang des neuen Stiles schon losgelassen. Zierlich geriefelte, aber dicke, auf reliefgeschmückten Postamenten stehende Säulen tragen das schwere dorische Triglyphengebälk, an den Metopenplatten überreich ornamentiert. Auf mächtig vorragenden Spangenkonsolen mit weiblichen Hermen in Kartuschenwerk stehen vor einem Hintergrund von frei gemeißelten Delphinen und Ranken zwei Freifiguren römischer Krieger mit Speer und Schild in vielfach gedrehter Körperhaltung. Sie bewachen ein von reliefgeschnitzten Kartuschenhermen eingerahmtes Alabasterrelief, den in den flammenden Abgrund springenden römischen Reiter Markus Curtius darstellend, den Mann, der sein Leben für den Staat opferte. Der Bildhauer, der hier in Alabaster arbeitete, hat einen Kupferstich des Haarlemers Hendrik Goltzius getreu kopiert. Über diesem Relief steht, von frei skulptierten Löwen drohend gehalten, das Wappen der Stadt, mit dem silbernen Schlüssel im Felde. Eine Justitia mit Waage und Schwert, eine schöne bewegte Freifigur, bekrönt den ganzen bis zum Gesims des oberen Stockwerkes reichenden Aufbau. Seitlich an den Wangen der Tür treibt der Barock sein allerwildestes Spiel. Ein Durcheinander von Rankenwerk, das in Knorpelwerk und Kartuschen ausläuft, von Löwenköpfen und Trophäen, von Ritterfigur und Najadengestalt, von Delphinenleib, Maske und Obelisk baut sich in stoßendem Rhythmus mit krauser Umrißlinie zu einem überfüllten steilen Dreieck rechts und links auf. Das Datum ist 1616. Ob es auch für die Innentür des oberen Gemaches, des alten Archivs gilt, ist nicht ganz sicher. Man glaubt hier, vor diesen Hermenpfosten und dem etwas bizarren Aufbau über dem Türsturz, eine spätere Entwicklungsform der Barockschnitzerei zu sehen; jedenfalls aber die Hand eines anderen Meisters.

Auch das berühmteste Prunkstück der ganzen Anlage, die Wendeltreppe zum oberen Geschoß, der Musikbühne (später dann als altes Archiv verwendet), zeigt wieder eine andere, von dem Portalmeister verschiedene Phantasie, weniger ausladend im ganzen, aber womöglich noch gedrängter im einzelnen. Aus

41 den der Treppenwange vorgelegten Konsolen entwickeln sich mit Emblemen geschmückte Hermen, Frauengestalten, das oft verwendete Thema der Tugenden, und Männerfiguren im Zeitkostüm. Am Sockelband reihen sich die Allegorien der sieben freien Künste zwischen Löwenköpfen, Greifen, Schweifen und Kartuschen aneinander, und am Pfostenwerk des oberen Geländers stehen in stolzer Haltung in kostbare Zeitkostüme gekleidete Soldatenfiguren. Sie sind nach Kupferstichen von Hendrik Goltzius und von Jakob de Gheyn kopiert. Da die Arbeit an dieser Treppe im Stil verwandt ist mit der von Tönnies Evers in der Jakobikirche in Lübeck gemachten Orgelbrüstung und Wendeltreppe, ist man versucht zu glauben, der bremische Rat habe sich für diesen wesentlichsten Teil des Baus den auswärtigen Meister verschrieben.

Ihren Namen trug die Güldenkammer, das für vertrauliche Ratssitzungen bestimmte Gemach, von der goldenen Ledertapete, die einstmals die Wände bedeckte. Da sich von der alten Einrichtung nichts mehr erhalten hatte, wurde der Raum im Jahre 1905 von Heinrich Vogeler neu ausgestattet. Außer der Güldenkammer und ihrer Wendeltreppe und außer den Steinportalen an der fensterlosen Langwand ihr gegenüber findet sich nicht mehr viel Altes in der oberen Rathaushalle. Das reiche, an die echten Barockformen anklingende große Ratsgestühl und die Wandvertäfelungen an der Langwand stammen aus dem 20. Jahrhundert, nach Entwürfen des bremischen Architekten J. G. Poppe in den Jahren 1902—1904 ausgeführt, und auch zwischen den teils im 17. und 18. Jahrhundert gestifteten Wappenscheiben in den hohen Fenstern des Saales gibt es eine Reihe von modernen Arbeiten. Eine Marmorstatue von Bremens größtem Bürgermeister, Johann Smidt, neben der Tür zur alten Wittheitsstube im Jahre 1860 errichtet, zeigt den noblen Klassizismus des bremischen Bildhauers Carl Steinhäuser (1813—1879).

94 Aber der Saal hat doch eine einheitliche Raumstimmung behalten. Die gleichzeitig mit der Neuerrichtung des Dach-

stuhles neu gefertigte Decke aus schlicht behauenen, an den Kanten abgefasten und auf Sattelhölzern und Konsolen ruhenden Balken wurde mit Flachornamenten bemalt. An den Unterseiten der Sattelhölzer hängen vergoldete Knöpfe, zwischen den Balken vergoldete Rosetten. Alte Messingleuchter, vom Doppeladler gekrönt, und malerisch aufgetakelte bemalte Modelle von Orlogschiffen schweben unter der Decke. In den Jahren 1928—1930 wurde der Saal schön wiederhergestellt, die Gemälde, die großen Wandgemälde, aber auch die an der Güldenkammer wurden gereinigt, ebenso wie die Bilder der einst in der Lesum auf Strand geratenen Walfische; und die zu schwere moderne Barockarchitektur, die einst das von Hünten gemalte Schlachtenbild von Loigny einfaßte, wurde entfernt. Gleichzeitig wurde auch die Fassade des Rathauses, an der viele, auch fein gemeißelte Steine schadhaft geworden waren, gründlich instand gesetzt. Wo bearbeitete oder reliefverzierte Stücke wegen ihres schlechten und gefahrdrohenden Zustandes verworfen werden mußten, half man sich mit dem Einsetzen von Kopien.

Das alte Kupferdach, während des Weltkrieges der Metallsammelstelle für Heereszwecke abgeliefert, ist einige Jahre nach dem Kriege durch ein neues, auch aus echtem Kupfer, ersetzt worden und wird in wenigen Jahren die natürliche Patina in grüner Farbe annehmen.

Literaturverzeichnis.

Ehmck und Schumacher, Das Rathaus zu Bremen (Bremisches Jahrbuch Bd. II S. 260 ff.).

Denkmale der Kunst und Geschichte der freien Hansestadt Bremen.

v. Bippen, Geschichte der Stadt Bremen. Bd. I.

W. Stein, Die bremische Chronik von Rynesberch und Schene (Hansische Geschichtsblätter Bd. XII S. 139 ff.).

H. Münz, Das Rathaus (in: Bremen und seine Bauten, 1900, S. 115—157).

E. Waldmann, Die gotischen Skulpturen am Rathaus zu Bremen (1908).

C. V. Habicht, Das Chorgestühl des Domes zu Bremen (Repertorium für Kunstwissenschaft Bd. XXXVI, 1913, S. 226 ff.).

V. C. Habicht, Der niedersächsische Kunstkreis (1930).

J. Sello: Der Roland zu Bremen (Bremen 1901).

V. C. Habicht, Die kunsthistorische Einreihung des Rolands zu Bremen vom Jahre 1404 (Zeitschrift für bildende Kunst 1916, Heft 10).

V. C. Habicht, Der Roland zu Bremen (Bremen 1922).

Karl Schaefer, Bremen (Bd. 3 der Folge: Stätten der Kultur, Leipzig 1907).

J. Focke, Die Werkmeister des Rathausumbaus (Bremisches Jahrbuch Bd. XIV).

J. Mittelsdorf, Deutsche Renaissance. Vierunddreißigste Abteilung: Bremen. Heft 1—4. (Leipzig 1878 und 1879.)

G. Pauli, Die bremischen Steinhauer um 1600 (Bremisches Jahrbuch Bd. XVI).

G. Pauli, Die Renaissancebauten Bremens im Zusammenhang mit der Renaissance in Nordwestdeutschland. Leipzig 1890.

G. Pauli, Die dekorativen Skulpturen der Renaissance am Bremer Rathause und ihre Vorbilder (Jahrbuch der bremischen Sammlungen, Jahrgang I S. 26 ff. Bremen 1908).

N. N., Het Rathuis te Leyden (Nieuwe Rotterdamsche Courant, 14. Febr. 1929).

Die Abbildungen

Quellennachweis der Abbildungen.

J. Becker, Photographische Kunstwerkstatt, Bremen:
S. 62, 63, 64, 65, 66, 70, 71, 74, 75, 76, 77, 78, 79, 80, 81, 82, 83, 84, 85, 86, 87, 94, 95, 96, 97, 98.

Propyläen-Verlag, Berlin, reproduziert mit Erlaubnis der Propyläen-Kunstgeschichte: S. 59.

Staatliche Bildstelle, Berlin: S. 53, 54, 56, 57, 60, 61, 88, 89, 90, 91, 92, 93, 100.

Rudolf Stickelmann, Bremen: S. 67, 68, 69, 72, 73, 99.

Abbildungen im Text.

J. Mittelsdorf, Deutsche Renaissance, Leipzig 1878—1879: S. 11, 30, 33, 35, 41, 45.

Gesamtansicht des Rathauses von Südwesten.

Die Westseite.

Die Ostseite des gotischen Baues in der Rekonstruktion von Loschen.

Die Hauptfassade am Marktplatz.

Marktplatz mit Roland und Schütting.

Ansicht des Rathauses und des Marktes aus der Chronik von Dielig.

Das Rathaus zu Leyden.

Einzelheit vom östlichen Teil der Hauptfassade des Bremer Rathauses.

Der westliche Teil der Hauptfassade.

Das Standbild des Deutschen Kaisers an der Südfront.

Der Kurfürst von Mainz an der Südfront.

Der Kurfürst von Böhmen an der Südfront.

Der Kurfürst von Sachsen an der Südfront.

Der Kurfürst von Köln an der Südfront.

Die Statue des „Moses" an der Ostfront.

Die Statue des „Doktors" an der Ostfront.

Die Statue des Petrus an der Ostfront.

Konsole unter einer Statue an der Südfront.

Konsole unter einer Statue an der Südfront.

Teilansicht der Rolandstatue.

Die Rolandstatue.

Giebelwange von der Südfront.

Kleiner westlicher Giebel von der Südfront.

Fensterbekrönung an der Südfront.

Balustrade an der Südfront.

Zwickelrelief an der Arkade der Südfront.

Gesimskonsole an der Südfront.

Relief vom östlichen Arkadenfries der Südfront.

Relief vom östlichen Arkadenfries der Südfront.

Relief vom westlichen Arkadenfries der Südfront.

82

Relief mit Putten vom Dachfries.

Säulenfuß mit Putten an der Südfront.

Postament und Säule an der Südfront.

Kriegerstatue am Giebel.

Justitiastatue am Giebel.

Der Rosekeller.

Ratskeller, drittes und viertes Faß.

Bacchuskeller.

Die untere Halle nach Südwesten.

Die untere Halle mit Treppe.

Die untere Halle nach Osten.

Die obere Halle.

Die obere Halle mit Saalfront der Gildenkammer.

Die Wendeltreppe an der Güldenkammer.

Tür zur Güldenkammer.

Portal von 1577 in der oberen Rathaushalle.

Portal von 1550 in der oberen Rathaushalle.

Die Tür in der Güldenkammer.

www.ingramcontent.com/pod-product-compliance
Lightning Source LLC
Chambersburg PA
CBHW031123160426
43192CB00008B/1098